# 만 번을 견뎌야 중년이다

# 만 번을 견뎌야 중년이다

이필수 지음

## 자 서 自序

"여리지만 여울졌으면…."

네 번째 시집이다.
몽밀하지 못해 내놓기도 무렴해진다.
전문시라기보다는 영혼을 돌보는 목회자로서
일상의 소소한 파문을 자늑자늑하게 풀어놓았다.
영적인 울타리 안에 머물기보다는 경계선을 넘어
자유로운 영혼으로 보고 느낀 것을 짧고 명징하게
담아내고자 했다.
여린 글이나마 그저 그늘지고 흔들리는 영혼들의 사윈 가슴을
한 번이라도 어루만져 견디고 다시 먼 길 가게 할 수 있다면
더없이 고맙겠다.

2013년 3월

正溫 이필수

# 차 례



## 1 떨려나간 손톱

# 2 그리움도 나이만큼

# 3 만 번을 견뎌야 중년이다

# 4 시 익는 가을

# 5 울 수 있는 가슴

# 떨려나간 손톱

# 떨려나간 손톱

기어이 툭 떨어진다
두 달여 피맺힌 손톱
미는 손톱에 매미 같았다
끝내 새 힘에 견디지 못한다
나만큼 너도 힘들었으리라
고속열차 화장실 찧고 흔들려
열과 통증으로 몇날이 불편했다
두 달여 속이 새까맣게 타는 넌
비명도 못 내고 흔들리며 아팠다
속 골병들어 떨어진 네 몸뚱이
손에 꼬옥 쥐고 고맙다 전한다
예쁜 화장지에 고이 싸 보낸다
나와 함께 잘 참아준 나의 분신
잘 가라 오래 널 기억할 것이다

# 새해 인사

새해마다
복 많이 받으세요
덕담이 춤춘다

바꾸고 싶다
복 많이 누리세요

나아가
복 많이 지으세요

더 좋게는
복 되십시오
걸어 다니는 복 되세요

## 시를 쓰는 이유

어느 시인
시를 쓰는 이유
배고프지 않으려고
영혼 양식 얻으려고
아름답기 위해서라는 말
와락 품에 안긴다

맞다 정녕 맞다
영혼의 밥 지으려
시를 쓴다
나도

# 걷기

왜 걷냐구
무거우니까

왜 걸어야 하냐구
길이 보이니까

왜 홀로 걷냐구
자유로우니까

# 말마라

말마라
말이 무섭다
말이 말이지
말할게 못된다

말마라 말마라 마라
말말아 말아
말아

# 부러진 나무

너도 나처럼
스스로 감당하지 못할
무슨 멍에를 메었더냐

## 다른 존경

우리가 존경하는 사람
가장 높이 오르는 사람

어떤 세상 사람들은
가장 많이 버리는 사람

존경은 다시 보다의 합성어
존경의 의미를 다시 본다

# 안양 가는 길

안양 가는 길엔
보배로운 기름이
흐르고
헐몬의 이슬이
내린다

내가 네가 되고
네가 우리가 되어
낮게 흐르는 갈릴리
빗진 자들의 아둘람
우리 영혼의 마노스

오늘도
안양 가는 길엔
무지개가 뜬다

# 119여 영원하라

119는 화재신고
1월 19일 문희 생일
둘 다 살리는 숫자
우리 곁에 온 너로 인해
우리는 살아날 수 있었다
너는
가족의 기쁨
목회의 위로
사명의 생기
그렇게 우리는 부활했다

17회 째까지도 그렇다
많이 흘러갈 앞으로도
부디 네 이름을 잊지 말아라
네 것의 축복
네 것의 생기
네 것의 부활
우리 모두의 선물이 되게 하라
주 앞에 갈 때까지
주님 다시 오실 때까지
119여 영원하라

# 추석 마음

주일 낀 추석
갈 수 없는 마음
가지 못하는 마음
미안하다

한편 다행이다

내 마음은
항상
두 마음

# 추수감사절

잘 익은 과일
맛나게 먹으면서
감사할 줄 몰랐네 난
누가 과일을 익혔나
생각하고 생각하면
감사가 나오는 것을
본디 think와 thank는
같은 어원에서 왔다던가
철따라 제철 먹거리 먹고도
철들지 못했네 난
추수감사절에
실종된 감사 찾으러
생각 구름 피워올리네

## 외로우니까

왜 산에 가냐구?

외로우니까…

# 낙엽비

낙화는 슬픈 아름다움
낙엽은 정한 경건함
얼마나 가벼워야
저리 자유로울 수 있나
더 이상
존재가 주는 미련은 없다
세월이 주는 무게도 없다
마지막 황홀한 잔치
서산을 붉게 물들이고
스치는 바람에도
머리칼 빠지듯
앞 다투어 온 몸 투신하는
네 존재의 겸허함으로
경건의 종소리가 울린다
신령한 향기가 하늘로 오른다

# 김장

김장 한다 안한다
함부로 말하지 마라
겨울나기 내내
우리를 먹여 살린
입안 가득 뜨거운 군불이었다

# 꼭 그만큼만

필요한 것만큼 가지고
먹어야 할 만큼 먹고
남겨놓는 자연은
죽비같이 일깨운다

훈훈한 세상 위해
꼭 그만큼만
지키라고

# 눈 오는 밤

정녕 이 밤 소리 없이
한 목숨 스러지나보다
세상에 소복을 입힌다
카인의 후예가 피 흘린 땅
하늘이불로 희게 덮는다
아벨의 호소로 서러운 땅
그리운 눈꽃으로 피워낸다
조여 오는 송이 같은 외로움에
먼데 여인의 옷 벗는 소리 듣는다

## 마음 누리기

뜻 품은 설거지
지름길로 내게 온다
마음 담으니
귀찮은 일도
평화다
자유다
설거지를 하면서
설거지하는 사실 잊지 않고
설거지하는 자신 바라볼 수 있을 때
비로소 설거지로부터 자유한다
무엇이든
마음을 담은 그곳에
평화
기적
충만이 있다

# 군고구마

일용할 양식
군고구마 너댓개
감사기도 중에
목이 메었다

70년대 중반 겨울
교회 청년회 사업위해
추위 떨며 군고구마 팔다
군침만 삼킨 아련한 추억

건강과 다이어트 위해
마음대로 널 대하니
허기진 그 세월이 짠하고
일없이 고맙기도 하여
그냥 설운 가슴만 적신다

## 온돌방

구들장 아랫목 누워
몸 안으로 군불 받아
혈액 온기로 땀내다
시골 새집 황토 온돌방
유년의 섣달그믐 전설
밤새 몸으로 지져댄다
가스 난방 편타 말마라
방만 데피는 줄 아느냐
몸도 마음도 굳은 추억도
겨울밤새 달구어 봄꽃이 핀다

## 불탄나무

먼데 여인의 아픈 옷 벗듯
제 몸 두른 껍질 벗겨내고
알몸 드러내었네

살려고…

# 의미

눈물은
눈물로만 닦아줄 수 있고
아픔은
아픔으로만 위로할 수 있다

그것이 의미다

# 공감부재를 곡하며

메아리 없는 산이
죽은 산이듯
공감 없는 만남
죽은 만남이다

공감 없는 마음
불임과 같고
엄마 없는 집과 같다

오늘도
우리 사는 세상에서
공감 없는 골목마다
미아와 고아가 울며 헤맨다

# 시를 꿈꾼다

나는 시를 읽는 사람이 좋다
나는 시를 좋아하는 사람이 더 좋다
나는 시를 사는 사람이 가장 좋다

시가 흐르는 세상
그 얼마나 따뜻한가

시를 품고 사는 사람
그 얼마나 아름다운가

오늘도 나는
시를 꿈꾼다

# 그리움도 나이만큼

그리움도 나이만큼 | 그 밤 추억 | 정 | 쇠고기 장조림 | 홍시 | 사랑만큼 | 첫 눈 사랑 | 그리움 | 도시락 만두 | 사랑니 | 엄마의 유물 | 자기 말만 | 아내의 조언 | 사과 | 짝 | 황금률 | 운전단상 | 사랑 | 엄마 꿈 | 연금보다 나은 것 | 이사 | 부부 사랑 | 자문 | 그리움도 힘이다

# 그리움도 나이만큼

그리움에도 나이가 있다
세월은 추억을 낳고
추억은 그리움으로 젖는다

나이만큼 그리움이 쌓인다

# 그 밤 추억

늦은 한 여름 밤
고추야
장모님 전화소리
하늘에 온통
별이 반짝인다
얼굴에 장한
해가 돋는다
내가 아빠가 된 날
설운 감사가 울컥인다
교통사고로 사선 넘은 아내
여파로 유산된 첫 아이
모진 신혼에 정신 나갔다
울면서 울더라도 높은 뜻 품었더니
올림픽과 함께
넝쿨째 하늘보상이 왔다
1988년 7월 26일 밤
다시 없을 행복이었다

# 정

열여섯 해 키운 조카 제 집 보내고
묵은 때 같은 짐마다 문희꺼란 글씨에
시원할 가슴 치는 후두둑 소나기 눈물
키운 수고보다 이별 정이 더 아픈 것이
두 번 다시 못하리라 가슴 쓸어내린다

# 쇠고기 장조림

서른 다섯 해 전
첩첩 산골 요양 중 할아버지
갖다 드린 장조림
이승에서의 마지막 모습

오늘 도시락 장조림 반찬
한 점 집다 추억비늘 반짝이고
어머니도 할아버지도 그리움으로
쇠고기 장조림 되어 속삭인다

꼭꼭 씹어 맛있게 먹어라

# 홍시

완주 대둔산 자락
잘 익은 홍시 여섯 개
한 입 감기는 맛보다
떠나신 엄마 얼굴 떠올라
순간 가슴이 먹먹해지고
애꿎게 먼 산만 훔쳤다
흔들리는 나무 끝가지마다
붉게 타는 가을 깊은데
눈길 가고 발길 닿는 곳마다
엄마 그리움이 지천이다

# 사랑만큼

꽃들도
새들도
별들도
사랑한 만큼 산다

사람도
사랑한 만큼 산다
누군가를 사랑한
부피와 넓이와 길이만큼 산다
그 만큼이 인생이다

신앙도
사랑한 만큼 산다
누군가를 사랑한
크기와 깊이와 무게만큼 산다
그 만큼이 신앙이다

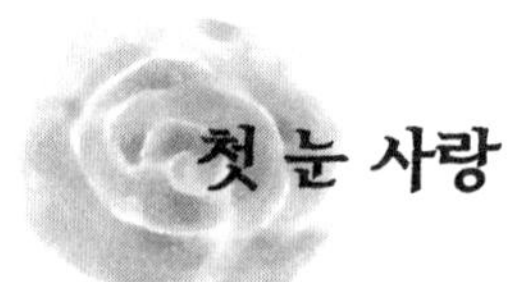

# 첫 눈 사랑

이국 만리 여행 중 첫 눈에
나는 네게 너는 내게
그대로 정신 줄 놓고
정신없이 5일 만에 식 올린
전생인연 같은 사랑
소설 같은 그대들 사랑
국경도 인종도 종교도 무색케 한
사랑의 숭고함 앞에 경건해진다
영혼 보다 조건으로 만나는 현실에서
영혼의 불꽃으로 피어난 순수사랑에
보는 내내 따뜻하고 고맙고 눈물 난다

사람이 영혼이 사랑이 먼저이지 못하고
영악히 내게로 오는 사랑으로만 계산하는
우리를 슬프게 하는 사랑 놀음판에서
등대불빛처럼 환히 비추는 푸른 사랑은
아직도 별에서 나온 사랑이 살아있음을 본다
첫눈에 영원으로 날아가는 사랑의 불꽃이여
더 많이 너 높이 더 멀리 더 오래 타올라라
맑고 고운 사랑불꽃 이 땅 환히 밝히도록

# 그리움

눈물이 많은 사람은
그리움도 깊다
그리움
저 · 미 · 는 그리움이여

# 도시락 만두

올겨울 내내
도시락 한 끼
빚은 손 만두
두부김치 만두
일용할 양식 주시니
감사기도 하다가
순간 이슬 눈 맺히고
비늘만두가 된다
부쩍 소소한 일마다
감사가 눈물로 온다
변하는 식성 탓이라지만
배고픈 그 시절이 그리운 게다
여일한 아내 정성 고마운 게다
얼마나 기막힌가
한 끼 만두에 감사가 출렁이고
만두 같은 아내얼굴이 떠오른다

# 사랑니

네가 짝사랑한 만큼

나도 아팠다

말도 못할 만큼

## 엄마의 유물

스무 해 보던 낡은 TV
새것과 교체하는 날
아버지는 말이 없다
안다 안다 그 마음
생전 엄마 보시던 유물
떠나신 후 다섯 해
엄마인양 사랑했다
하여 오래 원치 않았었다
기사 손에 나가는 TV를
대문서 한참이나 배웅하신다
엄마 보내 드리듯

## 자기 말만

그가 알고 싶은 것을
나도 알고 싶어 할까
그가 묻고 싶은 것을
나도 묻고 싶어 할까

연인 같은 마음은 없고
허수아비 말만 춤춘다

# 아내의 조언

성경은 말한다
사람의 독처하는 것이
좋지않으니
돕는 배필을 지으리라
돕는 배필
돕는 말
마음 밭에 심긴다
예전엔 흘렸다
귀에도 마음에도 비켜갔다
아픈 목회
눈물의 강을 지나면서
보인다 들린다
돕는 배필
돕는 말
얼마나 기막힌가
들으면 복이 되는 것을

# 사과

과연 힘이 센 것은
정말 이기는 것은
진정 감동케 하는 것은
훗날 웃는 것은

사과다

하여
오늘 나는
사과한다
울면서라도

# 짝

짝 프로그램 어느 여자 짝 선택 기준
'자존심보다 나를 더 우위에 두는 사람'
크게 들린다

나를 사랑하고 내가 사랑하는 사람들
내 자존심보다 더 우위에 두는가
엄히 묻는다

## 황금률

부하게도 마시고
가난하게도 마시고
넘치게도 말고
모자람도 없이
지킬 만한 모든 것보다
마음을 지켜서
적당하고 질서대로
지식은 교만하게 하나
사랑은 덕을 세우느니
모든 것이 가하나
모든 것이 덕을 세우지 못하니
모두에게 유익하고
모두에게 덕을 세우도록

오른 손이 하는 일을
왼손도 모르게
일만 마디 방언보다
깨달은 다섯 마디말로
이 모든 것 위에
사랑을 더해서
사랑을 따라 구하라

좌우로 치우치지 아니할
영원한 황금률

## 운전단상

오래 운전하면
내가 탄 건지
차가 날 태운건지
내가 앞을 가는 건지
앞이 내게 오는 건지

몸도 의식도 풀어진다

세상만사 오래되면
경계선은 무너지고
나와 너와 나와 그와
거기서 그것과 하나가 된다

결국 사는 건
하나 되는 것
오래된 미래다

## 사랑

사람들은
사랑을 모른다는 말
큰 울림이다
내식대로가 아닌
네가 원하는 대로
네가 되어주는 것이
사랑이 아닌가
오늘도
사랑의 미명하에
사랑이 피 흘리고 있다
사랑하는 자들이여
사랑을 풀어주라
내가 주는 것이 아닌
너에게로 가는
사랑을 위하여

# 엄마 꿈

아침에 깨어보니
베갯잇이 축축하다

## 연금보다 나은 것

내 마음의 저금통에
따뜻한 그림을 많이
저금하는 건
노후연금보다 낫다
때로는 눈물겹지만
따스한 느낌들은
마른 날 증기되어 올라
갈라지는 인생을 촉촉이 적신다
연금은 밥을 주지만
마음 저금은 따뜻한 사랑을 준다
얼마나 기막힌 일인가
돈 없이 연금보다 강력한
노후 저축을 한다는 것이

# 이사

아들 원룸이사
짐보다 사람이 많다
아들 친구 셋 우리 부부
여섯이 원샷에 끝난다
풀린 날씨만큼 훈훈하다
늘 주위를 품는 아들이다
어디서나 사람이 붙는다
짜장면과 요리식 먹는 내내
훈기가 더운 김처럼 피오른다
참 따뜻한 하루다

## 부부 사랑

자녀에게 줄 최대의 축복
가장 큰 유산은
부부 사랑이다

한 남편의 아내
자녀들의 어머니를
아버지가 사랑하고

한 아내의 남편
자녀들의 아버지를
어머니가 사랑하는 것

자녀들이 그 속에서
사랑을 보고 받는 것
자기들도 그렇게 되도록
결정짓는 것이다

# 자문

영성학 가르치는
친구 교수 하는 말
나이 드니
똑똑하셨던 선생님보다
따뜻하셨던 선생님이
더 기억난단다
고개가 절로 끄덕인다
자문한다
너는
똑똑하냐
따뜻하냐
이도 저도 아니냐

# 그리움도 힘이다

사랑은
외로움을 낳고
외로움은
그리움을 키운다
사랑도 그리움이다

그리움은
창공을 나는 힘이다
철새도 그리움의 힘으로 날아간다

그리워하기에 희망이 있다
그리움은 인내의 속살이다
그리움이 있는 한
인생은 살만하다
세상도 견딜만하다

# 만 번을 견뎌야 중년이다

만 번을 견뎌야 중년이다 | 곱게 늙음 | 아름다움 | 그리운 소금 | 혼자 또 가고 싶은 곳 | 알 수 없는 마음 | 자유로운 영혼 | 별 볼일 | 산다는 것 | 깨어 있음 | 지리산 둘레길 | 달력 | | 중년 감정 | 누군가 먼 길 떠나는가 | 선택 | 첫 만남 | 순간에 산다 | 늙음 | 추억에 젖는다 | 세한 산행 | 해인海印 | 나는 걷는다 | 눈물보다 힘센 것 | 새벽 눈길 |

# 만 번을 견뎌야 중년이다

중년이 된다는 것
중년을 산다는 것
숙병같이 아프다
천 번을 흔들려야
어른이 된단다
만 번을 흔들려도
견뎌내야 중년이다
환상이 환멸로 바뀌어도
지켜내야 중년이다
울지도 못한다
내려놓을 수조차 없다
떠나지도 떠날 수도 없다

지고가야 할 멍에
지켜내야 할 울타리가
경건한 종교다
어디 용조차 쓸 수없는
중년의 야윈 가슴마다
시름 깊은 속앓이만
숨 멎을 듯 가열하다

## 곱게 늙음

집도 사람도
곱게 늙는 것
소원처럼 간절하다

욕심 때 잘 빗질하고
외로움 깊게 견디고
그리움 곱게 삭이면
누구나 반할 애인이 된다

하여 인간세 바깥에나 있을
혼자라도 다시 찾고 싶은
편안한 외갓집 마당 같고
외할머니 물기어린 손 같이 된다

# 아름다움

아름다움의 아름이
앓음이라 했다
앓지 않은 아름다움은
없다

앓음이 눈물겹다
아름다워지기에

# 그리운 소금

물이 그리워
소금이다
바다가 사랑에 눈떠
소금이다
얼마나 그리워야
네가 될 수 있나
네가 품은 그리움은
무척 높은 지조였나 보다
햇살들을 부수고
바다를 목마르게 하고
온 몸을 뒤척이며
천년의 유언 후에
뭍에 오른 너는
고독한 승부사던가

오늘도

햇살이 끌어올린 바다는

비 되어 먼 바다로 흐르고

그리움은 파도를 타고

메밀꽃으로 피어난다

# 혼자 또 가고 싶은 곳

깊숙이 들어가야 만날 수 있는 곳
인간사 바깥에 있는 곳
턱 돌아앉아 곁눈질 한번 보내지 않는 곳
낡고 작고 허름하고 까매지고 희미해진 곳
잘 늙은 곳
험한 세월에 곱게 늙어 더 마음이 가는 곳
구름 속에 주춧돌을 놓고 지은 곳
작지만 소중한 책 같은 곳
숨어 있는 곳
외갓집 안마당 같은 위안 느끼는 곳

시간과 그 사이 자연이 하나가 된 곳
외로움과 적묵을 품고 사는 곳
잃은 그리움에 참회가 가슴을 때리는 곳
지나쳐 갈 수 없고 되돌아 나와야 하는 곳
잘 꾸며 가꿔지지 않은 민낯의 제 어미 얼굴 같은 곳
어지간한 지도에는 그 존재를 드러내기를 꺼리는 곳
살며시 스며들었다가 흔적 없이 나오는 곳
나 혼자 가끔씩 찾아가고 싶은 곳
찾아가는 길을 알려주지 않는 곳

# 알 수 없는 마음

내가 외로우니
누군가 그리운가
누군가 그리우니
내가 외로운가

내 마음
나도 모른다

# 자유로운 영혼

무엇이 되고 싶으냐면
자유로운 영혼이다

어떻게 살고 싶으냐면
자유로운 영혼이다

부러운 소원하나 물으면
자유로운 영혼이다

# 별 볼일

왜 별을 보냐구
그리웁기에

왜 별을 헤냐구
따뜻하기에

왜 별을 품냐구
희망하기에

왜 별을 읊냐구
부끄럽지 않으려고

# 산다는 것

산다는 것
흐르는 물 같은 것
쓸쓸하고 쓸쓸하여
참을 수 없는 연민으로
사랑을 하고
여행을 하고
산을 타고
시를 쓰고

산다는 것
쓸쓸한 것

# 깨어 있음

사람은 다 죽는다
죽을 데 죽는 것이 어렵다
살 데 사는 것이 더 어렵다
죽을 데 죽을 줄 알고
살 데 살 줄 아는 것
참 인생이다
인간다움이다
순간에도
죽을 데 죽도록
살 데 남김없이 살도록
깨어야 한다

## 지리산 둘레길

인월서 금계 3코스
산들강 마을 여섯
녹인 세월인내
저뭇 외로움에 젖다

외로움은 외로움으로만
안을 수 있다

# 달력

바람에 낙엽 쓸리 듯
달력이 쓸려간다
추억에 젖은 벽걸이형 달력
쓸쓸히 밀려나고
탁상형 달력은 비명을 지른다

휴대폰 수첩 일정표는 기 살아
깨알 같은 달력 무례히 떠민다
편리한 전자 이동 신이
마음 추억의 그림 지워가고
마음 서정의 물기 앗아간다

사라지는 달력은
우리를 슬프게 한다
이기적인 문명의 횡포 앞에
추억은 날로 야위어간다

## 중년 감정

차라리 늙기나 하지
왜 서럽게 하는가
어찌할 수 없는 너로 인해
몸은 안절부절이다
요란하던 어제 청춘은
오늘 백발로 적요하다
병아리같이 들끓던 생기
어미 소같이 꿈벅이며 존다
이제는 홀가분히 놓을 줄도 알랴만
영혼 없는 몸이 되고 싶지 않은 게다
아직도 가만히 눈 뜨는 건
보고 싶다는 간절한 열망
너를 향한 물기어린 그리움은
내내 흔들리는 몸 밖을 서성인다

# 누군가 먼 길 떠나는가

아스라히 한 목숨 거두고
누가 먼 길 떠나려나 보다
떠나는 것들로 스산한 때
수척해진 물소리 쓸쓸한 그늘 끼치고
구석구석 바람 높게 이는 어스름에
이름 모를 또 한 생이 스러지나보다
와서 살다 가는 것 저 낙엽 한 자락
다 빠져나간 생명 깃털 같은 가벼움으로
홀가분히 지는 해같이 늬엿늬엿 가시길

# 선택

밤새 역사가 바뀌었다
운명도 인연도 세상도
모두 선택의 힘이다
사람의 선택이 이러한데
하물며
신의 선택은

# 첫 만남

알고도 싶고
두렵기도 하고
다가가고 싶고
지키고도 싶고

그도 나와 같을까

## 순간에 산다

누군가 묻는다
왜 사세요?

왜 사는가?
지금
질문할 수 있는 유일한 기회다
그게 답이다

삶은 순간으로 완성된다
오랜 세월 집적이 아니다
찰나가 삶을 완성한다

주장이 아니다
선택의 문제이다

순간에 산다

# 늙음

늙음은 그냥 자연이다
자연은
달뜨지도
던적스럽지도 않다

젊음이 노력에 의하지 않듯
늙음도 과오로 온 게 아니다
그냥 자연적일 뿐이다

늙음을 풀어주라
그냥 자연이 되도록

# 추억에 젖는다

추울 때
추억에 젖는다
몸도 마음도 따뜻하다

향수는
추위도 잘 견디게 한다

## 세한 산행

시도 때도 없이 궁시렁대는
번다한 인간세
마음 밖에 걸어두고
세모의 적요한 눈숲에
자적히 안긴다

곡소리 나는 칼바람은
쭈뼛거리게 할퀴고 지나고
얼음장 쩌억 갈라지듯
정신 줄은 칼날처럼 팽팽하다

묵은 세월에 묵힌 정신하나
날선 비수 같이 깨워보려고
민낯 같은 마음 풀어헤치고
세한 산 숲을 미아같이 헤맨다

# 해인海印

고향 해인
바닷물에 도장처럼 박힌 달 뜻

일렁이는 물결은
달을 담지 못하고
고요한 물에
달과 구름 환히 비친다

흔들리는 마음에는
참나가 드러나지 않는다

# 나는 걷는다

공원둘레 삼백 미터 스물 바퀴 걷기
줄 없는 줄넘기 일천 번
칠년이 하루 같은
나의 거룩한 새벽일과

걷기는
육체 운동만이 아니다
정신 운동이다
사유하는 즐거움
번뜩이는 착상
겸허한 자기응시
초월하는 자유로움
포기할 수 없는 선물이다

걷기는 인생 구루다

자신을 눈뜨게 한다

또 다른 나를 만난다

길 위에 길을 만든다

길 없는 길이 보인다

## 눈물보다 힘센 것

겨울은
눈 내리는 밤으로
깊어가고

인생은
눈물의 힘으로
깊어진다

눈물은 힘이 세다

힘센 눈물로도
이기지 못할 맞수는
변화이다

눈물은 변화보다 쉽다

변화 없는 눈물은
자기 위안
자기 기만이다

## 새벽 눈길

12년 만의 대설
15센티 쌓인 새벽 눈길
푹푹 빠지며 처음 걷는다
길을 만들며 길을 걷는 게
힘도 시간도 배나 든다
무엇이든 처음 길을 낸다는 게
무척 어렵다는 것도 느낀다

그동안 누가 내어준 길을
당연히 걸어온 것이 부끄럽다
살면서 나는 그 누가 마음 놓고
걸어갈 길을 얼마나 내었는가
새벽 눈길은 새벽 마음을 일깨운다
서둘러 길을 내며 길이 되라 한다
길이 되신 주님이 그러하셨듯이

# 시 익는 가을

## 시 익는 가을

가을엔
모두가 시가 된다
햇살도
바람도
낙엽도
강물도
단풍도
고독도
기도도
마음도

석류알 붉게 익듯
내 속에서
타는 가을이
시로 익는다

## 메아리

어릴 적
저뭇한 소등 언덕 누워
아삼아삼 엄마생각
들물 외로움
산같이 설제
저녁놀 빛깔로
한결같이 찾아와준
메아리
언제나
불러낼 수 있어
가열한 외로움
견딜 수 있었다

# 가을

봄 떠난 산은
늙은 듯한데
가을 품은 산은
형형색색 청춘이다
난만하던 꽃 지자
핼쓱해진 산은
잎들의 잔치로
화색이 만연하다
떠날 채비에
눈을 씻는 가을은
저마다 제 이름을 들고
마지막 남은 열정으로
제 몸을 불태우며
세상을 유혹한다

# 석류

쏟아져 내릴 듯한
알알이 붉은 속가슴
정한 임자 기다리듯

입술보다 붉은 뜻
터질듯 가슴에 새겨
눈부시게 펴보리라

# 가을 들길

가을 들길은
가난하게
걸어 좋다

가난해져야
비로소
가을 들길
걸을 수 있다

# 나무 혹

낙타 혹처럼
나무도 혹이 있다

살아내려고…

## 가을단풍

잎들의 마지막 잔치
아름다움 목숨 하나 걸고
스스로 산화하는
잎들의 헌신

나의 마지막은
어떤 아름다움일까

# 들꽃

들꽃은
풍상에 젖은
외로움

들꽃은
세월에 물든
그리움

들꽃은
인내에 박힌
기다림

우리 사는 세상
좀더
들꽃으로 피었으면

## 가을 하늘

사파이어빛 바다가
오른 듯
푸르디 푸르름에
시리고 시리도록
마음조차 물들어
눈물납니다
그냥

# 은행나무

은행잎이 노란 것은
세상의 꿈이
젖어들었기 때문이다
내일의 희망이
노란풍선처럼 매달렸기 때문이다
하늘 향해
꿈과 희망을 걸어두는 한
은행잎은 노랗게 물들 것이다

## 가을 감

가을은 어쩌면
감에서 오고
감으로 끝난다

감이 익어갈 수록
가을이 깊은 줄 알고
가지 끝 감만 남을 때
가을이 감을 안다

가을은 '간다'는 뜻
추억처럼 감은
붉어지고 있다

# 10월

햇볕도 깊고
강물도 깊고
하늘도 깊고
바람도 깊고
먼산도 깊고
가을도 깊고
생각도 깊고
고독도 깊고
그리움도 깊고
눈물도 깊고…

깊어지는
10월

# 김천 황학산

곁에 두고도
돌아돌아 온 게
서러운 게다
비로봉 정상 너머
신선봉 망봉 돌아 10.4km
돌아도 돌리지 않고
내려도 내리지 않는다
처녀림 같은 속살
적설 적요 적막강산
취하듯 홈친다

평화로운 강 들 길 동리
병풍처럼 휘감고
모태처럼 품고 사는
고고한 학과 같은 산이여
나 오늘 여기서
잃어버린 전설을 찾고
내 생명의 뿌리를 밝혀
아직 남은 길 걷는 동안
굽이굽이 펴 보리라

## 가을 보약

하늘 빛
바람 맛
황금 햇살

가을 보약이다

## 설악단풍

백담사 봉정암 계곡
천불동 계곡 기죽인다
말도 감탄도 부끄러워
눈만
얼굴만
가슴만
붉어졌다

## 타는 산

봄은
산을 타고 오르고
가을은
산을 타고 내린다

자연도
사람도
내리려고
오른다

# 어죽

무주 내도리 어죽
어어 죽이네
내가 널 먹은거냐
네가 날 먹은거냐

가을이 더 붉어졌다

# 순리

강은 산을 넘지 않으며
들은 물을 건너지 않는다
낮음은 높음을 넘보지 않고
높음은 낮음을 탐하지 않는다

내가 향하는 곳은

# 가을비

한 나절 가을비에
마음조차 쓸쓸히 젖는다
봄비가 따뜻한 반가움이면
가을비는 떠나는 쓸쓸함이다
빗소리마다 남자의 고독이 스민다
빗속에서 죽어가는 모습이 보인다
비에 젖은 와불처럼 시리게 누운데서
이불처럼 따끈한 차 한잔 그립다
임자 없는 잔 앞두어도 괜찮겠다
쓸쓸하여 차끈해진 가슴 데워줄
안개 김나는 모과차를 마시고 싶다

# 낙엽

여태껏
낙화든
낙엽이든
슬펐다
시들고 사라지는
슬픈 잎들의 잔치였다

이제
낙엽은
우울한 낙하가 아니다
신령한 비다
비워진 세상에
생명을 펼치고
병든 몸에
생기를 불어넣는다
신령한 비가
천지에 내린다

# 저무는 가을

눈부시게 푸르던
시월 햇살도
설핏해져 쓸쓸한 으스름에
잡을 수 없는 시간의 등성이에 서서
버려진 등성이처럼
추억의 한 철을 보낸다
아무도 지켜주지 않아 저 홀로
낮게 흐르는 즈믄 강물 소리를 듣고
누구도 손 내밀지 않는다고
옹송그리고 앉아 저 멀리
가을이 떠나는 소리를 듣는다

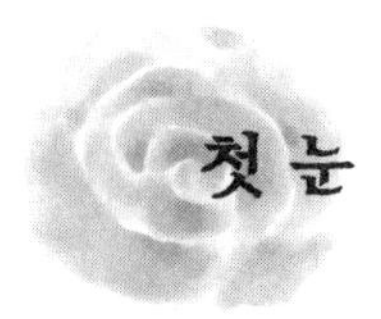

# 첫 눈

첫 눈은 소원이다

누군가는 쌀이다
가난한 독에 가득 채우는 쌀
함박눈처럼 환히 웃는다

또 어떤 이는 솜이다
서늘한 가슴 덮는 솜이불
눈꽃송이처럼 따뜻하다

나는 소금이다
사람의 언어를 고르게 하는 소금
순백의 영혼처럼 정결하다

올해 한 낯 첫 눈 보며
마음의 한 소원을 빈다

# 겨울 참새

세한의 눈덮힌 태을봉우리
맨발의 참새 한 마리
젖은 부리 길게 내민다
찰떡은 눈감고 바나나는 한입이다
숫제 죽기 살기로 동냥에 익숙하다
간절히 기댈 까치밥 사라진 도심 숲
욕망의 긴 그림자 드리운 적요한 풍경
미안해 긴 바나나 슬그머니 놓고 간다

# 마산 앞바다

겨울눈 같은 시리도록
맑고 볕 좋은 정월 주말
마창대교 옆 포구 둔덕에
바다를 품고 누운 듯 엎드린
통유리로 경계허문 내린 커피 집
따뜻한 품에 안긴 바다는 졸고 있다
그 옛날 민주화에 유배당한 우리 젊음은
언제나 바다를 동경했다
금해도 불렀던 고래잡이 철지난 바닷가는
유폐된 우리 젊음의 슬픈 낭만이었고
포기할 수 없는 희망의 외침 이었다

그 때 역사를 뒤바꾼 부마사태 때도
나는 전경으로 남해 해안선을 지키었다
오늘 참 많이도 흘러갔구나 상념에 잠겨
꿈꾸는 듯한 마산 바다를 취하듯 내다본다
이제는 창원시로 합해져 사라진 이름 마산
마산과 함께 쓸쓸히 떠나간 우리네 더운 청춘
역사도 민주화도 사람도 다 흘러간 그 자리에
아는 듯 모르는 듯 무심한 바다는 저 홀로 졸고 있다

# 울 수 있는 가슴

# 울 수 있는 가슴

나도 아프다
말도 못할 만큼
그대가 아프다

사선 넘은 몸도
흔들리는 마음도
무겁게 젖은 삶도
빼앗긴 밤의 안식도
지고 가기 힘든 십자가

밤 깊도록
터진 그대 아픈 신음에
영혼의 눈
영혼의 귀 열고
그대 기대어
울 수 있는 가슴이 되고 싶다

## 목회와 중년

목회와 중년
닮았다
흔들리는 것
외로운 것
아픈 것
그리운 것
견디는 것
그렇잖으면
목회가 아니다
중년이 아니다
그래도 한 번쯤
울 수 있는 가슴으로
풀잎처럼 누워보자
때론 주님도 우셨다

# 교회의 자화상

의식있고 우호적인
어느 일본 목사님
양국 교회 차이 물으니
일본교회는 생각하는 믿음
한국교회는 소박한 믿음
해석여하에 의미가 다르다
생각이 깊고도 소박하고
소박하고도 사려 깊은
믿음을 가질 수 없을까
깊게 만드는 던짐이다

## 누가 날 좋아하면

인연 널뛰는 목회
누가 날 좋아하면
집행유예 삼년
마법 시험 통과 후
비로소 내게로 온다

피차 좋아지기 위해
검증할 권리
검증받을 의무
댓가로 지불한 후
비로소 하나가 된다

# 밥

언젠가
고픈 배 움키고
기도하다가
기도탑 창가
훤한 보름달 보고
둥근 한 그릇 밥
생각했다

기도와는 달리
마음과도 다르게
머리 가득 밥 생각
쪼르륵 배로 오는 밥 생각
사람이 밥으로만 살 것 아니라
말씀 생각하곤 부끄럽기도 했다

그 때 난 알았다
믿음도 밥
사상도 밥
사랑도 밥
도덕도 밥
정치도 밥
밥에서 나오는 것을

얼마나 눈물겨운가
주님이 날마다
일용할 양식 달라 구하라신 것

# 나들이

오래 함께하면
끝이 슬프다
선악과를 넘나드는
하루나들이
인생사를 보는 듯
목회현장 보는 듯
쓸쓸하다

비켜갈 수 없는
오래 묵은
목회의 쓸쓸함
오늘도
모가지가 길어서
슬픈 사슴처럼
먼데 산을 바라본다

# 고목

가을산 속 뚫린 고목에게

'너도 목회했니?'

# 아프게 하는 것

날카로운 마음이
날카로운 시선이
날카로운 말이
우리를 아프게 한다

서로가 서로를
한 그루 나무를 대하듯
그렇게 따뜻한 시선으로
바라볼 수 없을까

# 죄와 여인

죄가 죄를 정죄하려 한다
너희 중에 죄 없는 자가 먼저 치라
죄가 죄다 물러갔다
죄가 의 앞에 서니
부끄러운 게다
나도 너를 정죄하지 아니하노니
가서 다시 죄를 범치 말라
그렇게 죄가 묻혔다
물이 부끄러워 포도주가 되듯
죄가 부끄러워 용서가 된다
죄도 여인도 남는 건
부끄러움뿐
그 분 앞에 서기만 하면
붉어지는 것일 뿐

## 성경읽기

하나님 말씀은
눈물의 씨앗이다
마음 밭을 적시는
사랑의 눈물이다
영혼의 눈 떠 읽으면
눈물난다
영혼의 귀 열고 들으면
눈물난다
눈물 밥을 먹고
눈물 물을 마신
난
그분과 함께 떨어지는
눈물 씨앗이 되었다

오늘도
말씀을 읽는 자여
눈물나는가
말씀을 듣는 자여
눈물나는가
대저 말씀은
눈물나기까지 읽을 것을
눈물나도록 들을 것을

# 세살문

한지 누인 교회천정 세살문
자연 숨 쉬며 열세해 지켰다
네가 숨 쉬는 동안
하늘은 우리에게로 내려왔다
손가는 문살마다 따뜻하다
너를 통해 또 오랫동안
하늘 햇살 바람 달빛은
경계를 넘나들며 여여하리라

# 목회원근법

목회는 원시도 근시도
아니다
목회는 감았다 떠는
눈이다

보고도 못 본 척
알고도 모른 척
맞고도 틀린 척
이겨도 지는 척

지긋이 질끈
감고 떠는
눈이다

# 기도

기도한다고 함부로
말하지 마라
기도는 더 이상
필요도 해결도 아니다
기도는 관계다
내가 네가 되는 것이다
연합과 일치를 향한
거룩한 몸부림이다
이제라도 너를 품고
네가 되기 위해
나를 비우는
기도다운 기도
한 번 하고 싶다

# 옛 교인

그도 날 봤을까
그도 나 같은 마음일까

마주치지 말았으면…

# 요리

먹고 살자는 말
지천명 넘어
화두가 된다

그동안
시간과의 전쟁
영적 전쟁 하며
영혼 양식 지었다

이제
시간 풀고
마음 들여
먹이고 싶다

밥으로 섬기는 것
얼마나 기막힌가

# 설날

차도 사람도 다 빠져 적막하다
도농 고르게 분산되면
일상이 참 좋겠다 싶다
본래 설은 낯설다는 뜻
여유로운 시공간이 낯설다
주일 낀 명절이라 가지 못했다
몸이 편하니 맘조차 이기적이다
머잖아 갈려 해도 못 갈 때가 온다
그때는 가야할 때가 좋았다 할 것이다
설날은 이상해서 배고프지 않다
따뜻한 추억으로 채워서 이리라
이래저래 조용한 명절 지냄에
마음이 한가하고 따스해서 좋다
사람들마다 목회도 늘 명절분위기면 좋겠다

## 기도 마음

새벽 기도하다
다 갔을까
훔쳐보고 싶은 마음
그냥 일어설까
눈치 보는 마음

아직도 남아있는
두 마음

# 과일

자기 몸 익혀
살림의 희생제물
남을 위한 나의 성숙
사명이었다
목적이었다

얼마큼 익었을까
언제라도 떨어질 수 있을까
나는

# 설교

오늘도 나는 어김없이
설교를 한다
설교를 해야 한다
하기도 어렵지만
살기는 더 어렵다
언제일까
내가 하는 설교가 아닌
나를 통해
나타나는 설교가 되는 때는
진정 설교를 살고
삶으로 설교하고 싶다
예외 없이 설교는
부끄러움을 가르쳐 준다

## 세모

한 해 긴 그림자
쓸쓸하고
마음 무겁다

누구인가
무엇인가
간절히 사랑하지 않았다면
그림자 세월이다

아직 못다 한 미련에
그리움은 징그럽게 쫓아오고
부끄러움만 늙어
하얗게 세는 밤이
참회조차 눈물겹다

## 아쉬움

설교 후
기대하고서
슬쩍 눙치고
달리 에두르지만
못내 허하여
약속하기조차 한
내 마음

고래도 춤추게 할
그것 때문에

# 성회

성회라지만
빈 섬이다
있어도 없다
무엇도 없다
외로움이 날고 있다

성회라지만
동굴이다
빛은 가리워지고
어둠이 널린다
공허가 춤춘다

성회라지만
시장이다
욕망의 거리마다
제 목청껏 뿜어댄다
헛된 깃발이 펄럭인다

# 정온

바르고도 따뜻하게
참 좋은 아호다
바르나 따뜻하지 못하면
율법주의
따뜻하나 바르지 못하면
값싼 은혜주의
바름이 앞서고
바름으로 채워지나
따뜻함이 품고
따뜻함으로 완성시키는
정온
아직 부끄러움도 많지만
그렇게 되고 싶고
그렇게 살고 싶다
모든 죽어가는 것들을 품고서

# 시에 대하여

누군가는 시에게로 간다 한다
나는 시가 온다
아플 때 시가 잉잉 운다
슬플 때 시가 뜨겁게 한다
내 속에 내가 울고 있을 때
시는 살며시 다가와 나를 만진다
나를 가져 마음을 풀라 한다
나를 품고 씨앗하나 심으라 한다
외로운 상처들을 보듬으라 한다

만 번을 견뎌야

# 중년이다


초판 1쇄 발행 2013. 3. 31.

지은이 이필수

펴낸이 방주석

영업책임 곽기태

편집책임 방미예

디자인 the 사랑

펴낸곳 베드로서원

주소 (110-740) 서울 종로구 연지동 136-56 기독교연합회관 1309호

전화 | 팩스 02)333-7316 | 02)333-7317

이메일 peterhouse@paran.com

홈페이지 www.peterhouse.co.kr

창립일 | 출판등록 1988년 6월 3일 | 2010년 1월 18일(제59호)

ISBN 978-89-7419-319-5 03810

책값 뒤표지에 있습니다.




베드로서원은 말씀과 성령 안에서 기도로 시작하며
영혼이 풍요로워지는 책을 만드는 데 힘쓰고 있으며
문서선교사역의 현장에서 세계화의 비전을 넓혀가겠습니다.

†

나의 힘이신 여호와여 내가 주를 사랑하나이다(시 18:1)